Impressum
Verlag: BABADADA GmbH, Nedderfeld 112 , 22529 Hamburg
Geschäftsführer / Verlagsleitung: Harald Hof
Druck: Books on Demand GmbH, In de Tarpen 42, 22848 Norderstedt

Imprint
Publisher: BABADADA GmbH, Nedderfeld 112 , 22529 Hamburg, Germany
Managing Director / Publishing direction: Harald Hof
Print: Books on Demand GmbH, In de Tarpen 42, 22848 Norderstedt, Germany

AF205491

مدرسه

学校

کلاس درس
教室
تقسیم کردن
割り算
186/2
تخته
黒板
معلم
教師
کاغذ
紙
نوشتن
書く
خودکار
ペン
میز تحریر
事務机
خط کش
定規
کتاب
本
دانش آموز
生徒

کیف مدرسه

ランドセル

جامدادی

筆入れ

مداد

鉛筆

تراش

鉛筆削り

پاک کن

消しゴム

دفتر رسم

スケッチブック

طراحی

スケッチ

قلم مو

絵筆

جعبه ی آبرنگ

絵の具箱

قیچی

はさみ

چسب

接着剤

کتاب تمرین

練習帳

تکلیف خانه

宿題

12

رقم

数

2+2

جمع کردن

足し算

5-2

تفریق کردن

引き算

2×2

ضرب کردن

かけ算

محاسبه کردن

計算する

A

حرف الفبا

文字

ABCDEFG
HIJKLMN
OPQRSTU
VWXYZ

الفبا

アルファベット

hello

کلمه

単語

متن

テキスト

خواندن

読む

گچ

チョーク

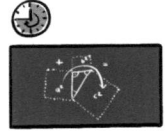

درس

授業

ثبت نام

学級日誌

امتحان

試験

مدرک رسمی

通知表

لباس مدرسه

制服

تحصیلات

教育

دانشنامه

百科事典

دانشگاه

大学

میکروسکوپ

顕微鏡

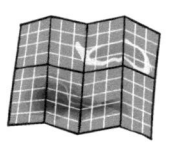

نقشه

地図

سبد کاغذ باطله

ごみ箱

هتل
ホテル
مسافرخانه
ホステル
صرافی
両替所
چمدان
スーツケ
ース
اتومبیل
自動車

زبان

言語

بله / خیر

はい / いいえ

اُکی

問題ない

سلام

ハロー

مترجم

翻訳者

ممنون

ありがとう

قیمت ... چه قدر است؟

…はいくらですか？

من متوجه نمی شوم

わかりません

مشکل

問題

عصر بخیر! / شب بخیر!

こんばんは！

صبح بخیر!

おはようございます！

شب بخیر!

おやすみなさい！

خدانگهدار

さようなら

جهت

方向

بار سفر

手荷物

کیف

バッグ

کوله پشتی

リュックサック

مهمان

お客様

اتاق

部屋

کیسه خواب

寝袋

خیمه

テント

مرکز راهنمای گردشگران

旅行者情報

ساحل

ビーチ

کارت اعتباری

クレジットカード

صبحانه

朝食

نهار

昼食

شام

夕食

بلیط

チケット

آسانسور

エレベーター

مهر

スタンプ

مرز

境界

گمرک

税関

سفارتخانه

大使館

ویزا

ビザ

گذرنامه

パスポート

حمل و نقل
輸送

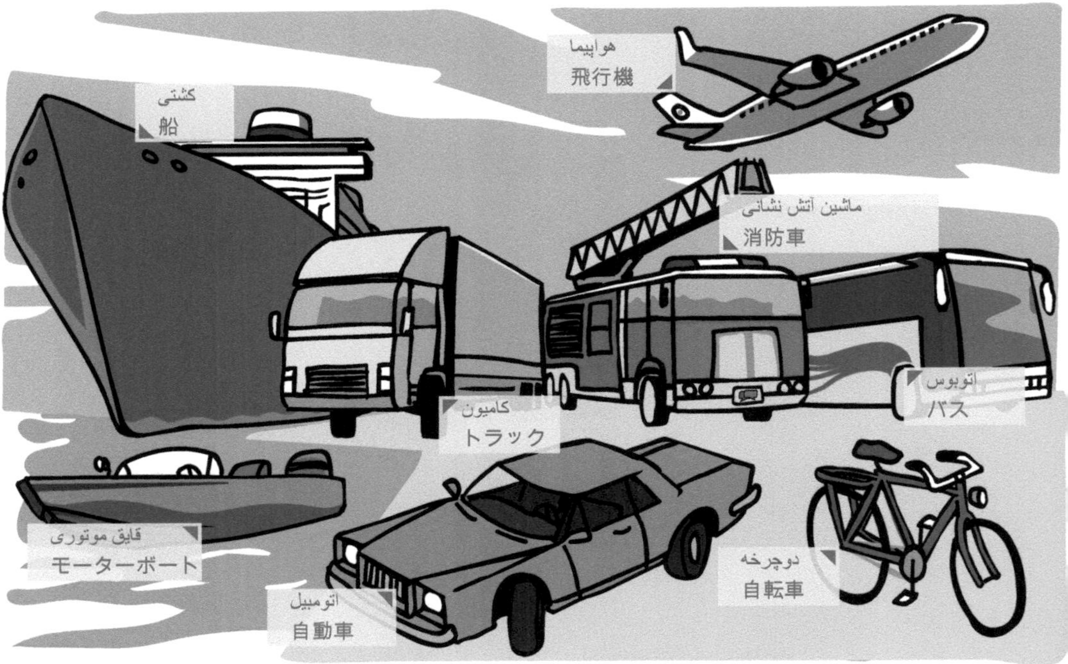
هواپیما
飛行機
کشتی
船
ماشین آتش نشانی
消防車
اتوبوس
バス
کامیون
トラック
قایق موتوری
モーターボート
دوچرخه
自転車
اتومبیل
自動車

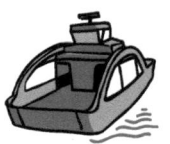

کشتی مسافربری
フェリー

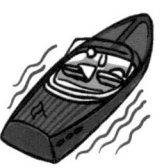

قایق
ボート

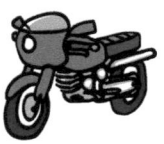

موتورسیکلت
バイク

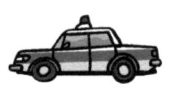

ماشین پلیس
パトカー

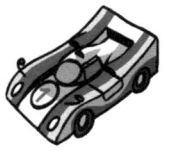

ماشین مسابقه
レーシングカー

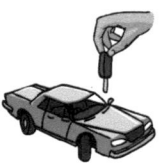

ماشین کرایه ای
レンタカー

به اشتراک گذاری اتوموبیل
カーシェアリング

جرثقیل
レッカー車

ماشین حمل زباله
ごみ収集車

موتور
モーター

بنزین
燃料

پمپ بنزین
ガソリンスタンド

تابلو راهنمایی و رانندگی
交通標識

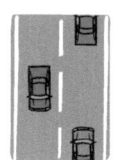

عبور و مرور
交通

ترافیک
渋滞

پارکینگ
駐車場

ایستگاه قطار
駅

ریل راه آهن
道

قطار
列車

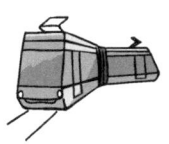

قطار برقی
路面電車

واگن
車両

حمل و نقل - 輸送　　　　　9

هلیکوپتر

ヘリコプター

فرودگاه

空港

برج

タワー

مسافر

乗客

کانتینر

コンテナ

کارتن

段ボール箱

گاری

カート

سبد

カゴ

به پرواز درآمدن / فرود آمدن

離陸 / 着陸

شهر

都市

دهکده

村

مرکز شهر

都心

خانه

家

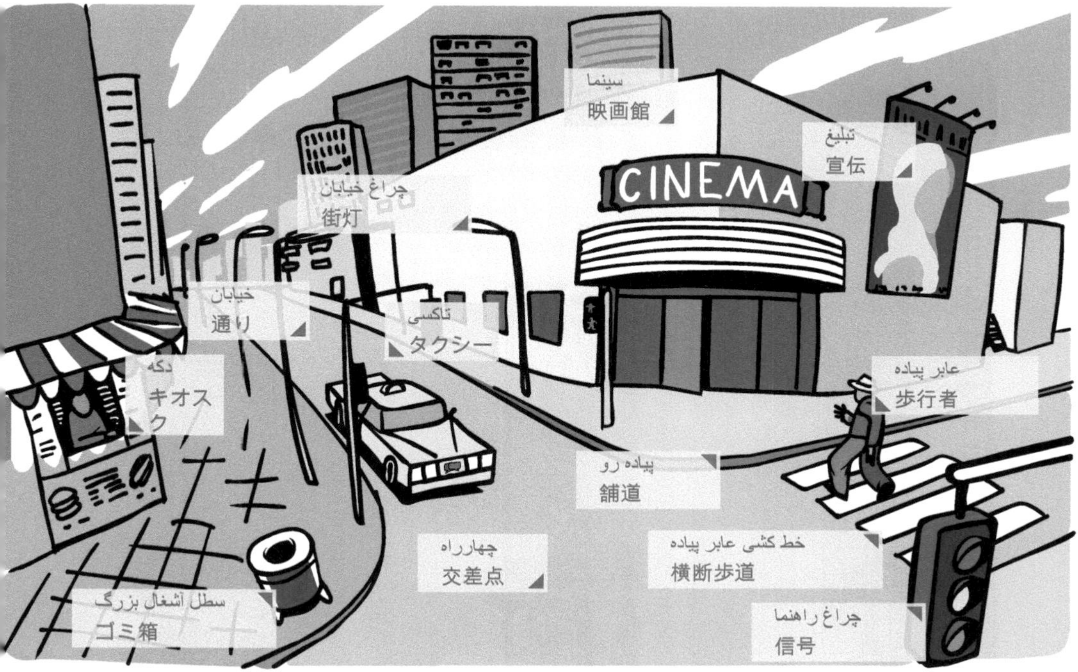
سینما
映画館
تبلیغ
宣伝
CINEMA
چراغ خیابان
街灯
خیابان
通り
تاکسی
タクシー
دکه
キオスク
عابر پیاده
歩行者
پیاده رو
舗道
چهارراه
交差点
خط کشی عابر پیاده
横断歩道
سطل آشغال بزرگ
ゴミ箱
چراغ راهنما
信号

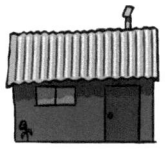

کلبه

小屋

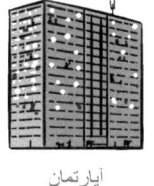

آپارتمان

アパート

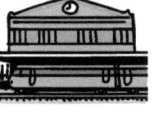

ایستگاه قطار

駅

ساختمان شهرداری

市役所

MUSEUM

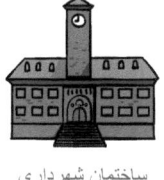

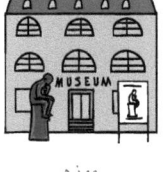

موزه

美術館

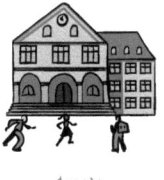

مدرسه

学校

دانشگاه

大学

بانک

銀行

بیمارستان

病院

هتل

ホテル

داروخانه

薬局

اداره

オフィス

کتابفروشی

書店

مغازه

ショップ

گل فروشی

花屋

سوپرمارکت

スーパーマーケット

بازار

市場

فروشگاه بزرگ

デパート

ماهی فروش

魚屋

مرکز خرید

ショッピングセンター

بندر

港

پارک

公園

نیمکت

ベンチ

پل

橋

پله

階段

مترو

地下鉄

تونل

トンネル

ایستگاه اتوبوس

バス停

میخانه

バー

رستوران

レストラン

صندوق پست

ポスト

تابلوی خیابان

道路標識

دستگاه پارکومتر

パーキングメーター

باغ وحش

動物園

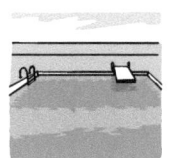

استخر شنای عمومی

スイミングプール

مسجد

モスク

مزرعه

農場

آلودگی محیط زیست

汚染

قبرستان

墓地

کلیسا

教会

زمین بازی

遊び場

معبد

寺

چشم انداز

風景

برگ
葉

تابلوی راهنمای مسیر
道標

راه
道

چمنزار
草地

سنگ
石

درخت
木

راه نورد
ハイカー

رودخانه
川

چمن
草

گل
花

دره

谷

تپه

山

دریاچه

湖

جنگل

森

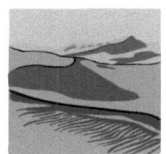

بیابان

砂漠

کوه آتشفشان

火山

قلعه

城

رنگین کمان

虹

قارچ

キノコ

درخت نخل

ヤシの木

پشه

蚊

مگس

ハエ

مورچه

蟻

زنبور

ミツバチ

عنکبوت

クモ

سوسک

カブトムシ

قورباغه

蛙

سنجاب

リス

جوجه تیغی

ハリネズミ

خرگوش صحرایی

ウサギ

جغد

フクロウ

پرنده

鳥

قو

白鳥

گراز

雄豚

گوزن نر

鹿

گوزن شمالی

ヘラジカ

سد آب

ダム

توربین بادی

風力タービン

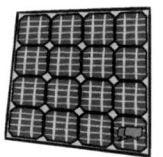

صفحه ی خورشیدی

ソーラーパネル

آب و هوا

気候

رستوران
レストラン

ウェイター
منوی غذا
メニュー
صندلی
椅子
سوپ
پیتزا
ピザ
رومیزی
テーブルクロス
سرویس کارد و قاشق و چنگال
刃物類

پیش‌غذا
前菜

غذای اصلی
メインコース

دسر
デザート

نوشیدنی ها
飲み物

غذا
食べ物

بطری
ボトル

فست فود

ファストフード

اغذیه خیابانی

屋台の食べ物

قوری

ティーポット

قندان

砂糖入れ

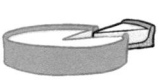

پُرس غذا

一人前

دستگاه اسپرسو

エスプレッソマシン

صندلی پایه بلند غذاخوری بچه

幼児用食事椅子

صورتحساب

請求書

سینی

トレー

چاقو

ナイフ

چنگال

フォーク

قاشق

スプーン

قاشق چایخوری

ティースプーン

دستمال سفره

ナプキン

لیوان

グラス

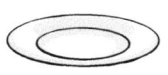

بشقاب

皿

بشقاب سوپخوری

スープ皿

نعلبکی

受け皿

سس

ソース

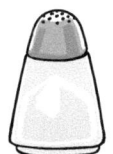

نمکدان

塩入れ

فلفل ساب

ペッパーミル

سرکه

酢

روغن خوراکی

油

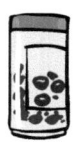

ادویه جات

スパイス

سس کچاپ

ケチャップ

سس خردل

マスタード

سس مایونز

マヨネーズ

سوپرمارکت

スーパーマーケット

پیشنهاد ویژه
特価品
مشتری
顧客
لبنیات
乳製品
میوه جات
果物
چرخ دستی خرید
ショッピング・カート

قصابی

肉屋

نانوایی

パン屋

وزن کردن

重さをはかる

سبزیجات

野菜

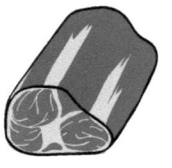

گوشت

肉

غذای منجمد

冷凍食品

مخلوطی از انواع کالباس یا پنیر که
ورقه ای بریده شده باشند

冷肉の薄切り

غذای کنسروی

缶詰食品

پودر لباسشویی

洗剤

شیرینی جات

菓子

لوازم خانگی

家庭用品

ماده شوینده و پاک کننده

清掃用品

فروشنده

販売員

صندوق پرداخت

現金箱

صندوقدار

レジ係

لیست خرید

買い物リスト

ساعات کار

開館時刻

کیف پول

財布

کارت اعتباری

クレジットカード

کیف

バッグ

کیسه ی پلاستیکی

ポリ袋

نوشیدنی ها
飲み物

آب

水

آبمیوه

ジュース

شیر

牛乳

نوشابه کوکاکولا

コーラ

شراب

ワイン

آبجو

ビール

الکل

アルコール

کاکائو

ココア

چای

紅茶

قهوه

コーヒー

قهوه اسپرسو

エスプレッソ

کاپوچینو

カプチーノ

موز

バナナ

سیب

リンゴ

پرتقال

オレンジ

انواع هندوانه و خربزه

メロン

لیمو

レモン

هویج

ニンジン

سیر

ニンニク

نی بامبو

竹

پیاز

玉ねぎ

قارچ

キノコ

آجیل

ナッツ

ماکارونی

ヌードル

اسپاگتی

スパゲッティ

برنج

米

سالاد

サラダ

سیب زمینی سرخ کرده

フライドポテト

سیب زمینی سرخ شده

フライドポテト

پیتزا

ピザ

همبرگر

ハンバーガー

ساندویچ

サンドウィッチ

شنیتسل

カツレツ

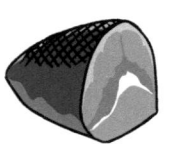

ژامبون خوک

ハム

سالامی

サラミ

سوسیس

ソーセージ

مرغ

鶏肉

نوعی گوشت سرخ شده

焼き

ماهی

魚

جوی پرک شده

麦のお粥

نوعی صبحانه مخلوطی از برگه ذرت و
میوه های خشک شده و خشکبار که
معمولا با شیر خورده می شود

ムーズリ

کورن‌فلکس

コーンフレーク

آرد

小麦粉

کرواسان

クロワッサン

نان بروتشن

ロールパン

نان

パン

نان تست

トースト

بیسکویت

ビスケット

کره

バター

کشک

カッテージチーズ

کیک

ケーキ

تخم مرغ

卵

تخم مرغ نیمرو

目玉焼き

پنیر

チーズ

بستنی
アイスクリーム

شکر
砂糖

عسل
はちみつ

مربا
ジャム

کرم شکلاتی بادامی
ヌガークリーム

ادویه کاری
カレー

غذا - 食べ物

مزرعه

農場

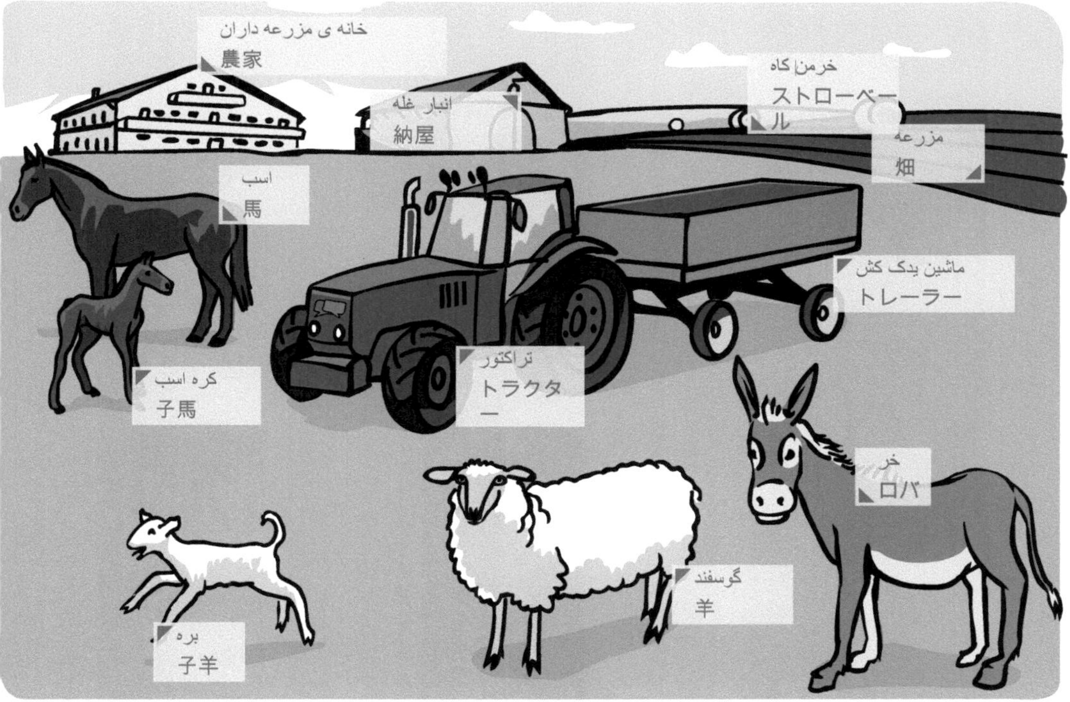

خانه ی مزرعه داران
農家
انبار غله
納屋
خرمن گاه
ストローベール
مزرعه
畑
اسب
馬
ماشین یدک کش
トレーラー
کره اسب
子馬
تراکتور
トラクター
خر
ロバ
گوسفند
羊
بره
子羊

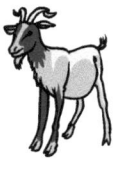

بز

ヤギ

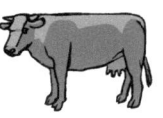

گاو ماده

雌牛

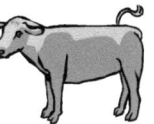

گوساله

子牛

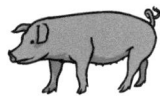

خوک

豚

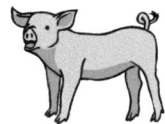

بچه خوک

子豚

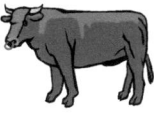

گاو نر

雄牛

غاز

ガチョウ

اردک

アヒル

جوجه

ひよこ

مرغ

にわとり

خروس

おんどり

موش صحرایی

ネズミ

گربه

猫

موش

ねずみ

گاو نر اخته

雄牛

سگ

犬

لانه ی سگ

犬小屋

شلنگ باغبانی

散水ホース

آبپاش

じょうろ

داس دسته بلند

大鎌

گاوآهن

すき

داس

草刈り鎌

کج بیل

くわ

چنگک باغبانی

堆肥用フォーク

تبر

斧

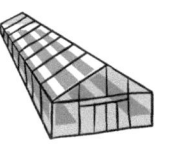

فرقون

手押し車

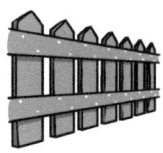

آبشخور

かいばおけ

بطری نگهداری شیر

牛乳缶

کیسه

袋

حصار

フェンス

اصطبل

畜舎

گلخانه

温室

خاک

土壌

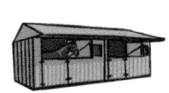

بذر

種

کود

肥料

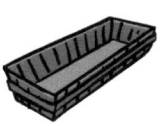

ماشین کمباین

コンバイン

برداشت کردن محصول

収穫する

محصول

収穫

تمیس

ヤマイモ

گندم

小麦

سویا

大豆

سیب زمینی

じゃがいも

ذرت

トウモロコシ

کلزا

菜種

درخت میوه

果樹

گیاه مانیوک

キャッサバ

غلات

穀物

خانه
家

دودکش
煙突
پشت بام
屋根
ناودان
排水管
پنجره
窓
گاراژ
車庫
زنگ در
呼び鈴
در
ドア
سطل آشغال
ゴミ箱
صندوق مراسلات
郵便受け
باغ
庭

اتاق نشیمن

リビングルーム

حمام

浴室

آشپزخانه

台所

اتاق خواب

寝室

اتاق بچه

子供部屋

ناهارخوری

ダイニング・ルーム

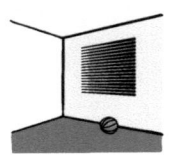

کف زمین

床

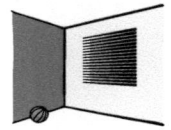

دیوار

壁

سقف

天井

زیرزمین

地下貯蔵庫

سونا

サウナ

بالکن

バルコニー

تراس

テラス

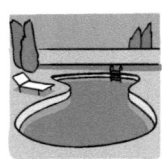

استخر

プール

ماشین چمن‌زنی

芝刈り機

ملافه

シーツ

روتختی

ベッドカバー

تخت خواب

ベッド

جارو

ほうき

سطل

バケツ

سویچ یا کلید

スイッチ

اتاق نشیمن
リビングルーム

کاغذ دیواری
壁紙
عکس
絵
لامپ
ランプ
قفسه
棚
کابینت
食器棚
تلویزیون
テレビ
شومینه
暖炉
گل
花
کوسن
クッション
کاناپه
ソファ
گلدان
花瓶
کنترل تلویزیون و ویدئو و غیره
リモコン

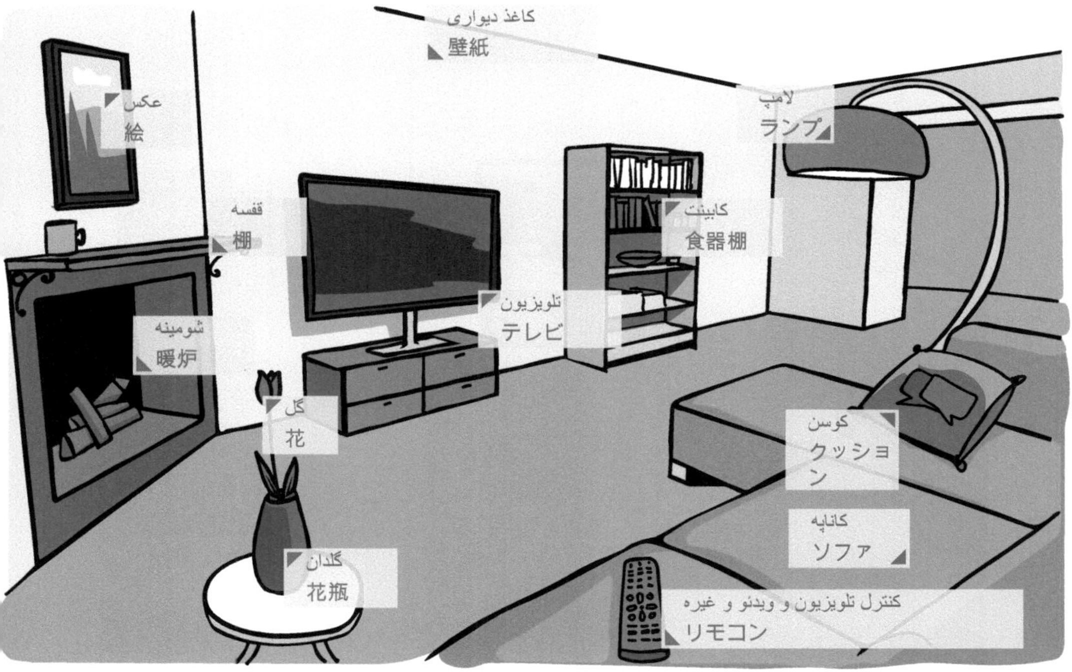

فرش
カーペット

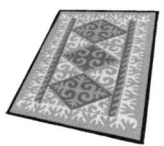

پرده
カーテン

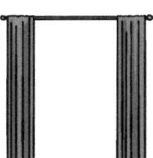

میز
テーブル

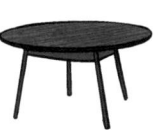

صندلی
椅子

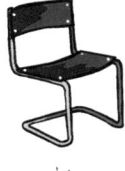

صندلی گهواره ایی
ロッキングチェア

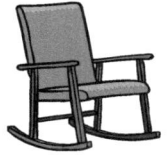

صندلی راحتی
ひじ掛け椅子

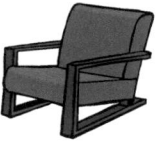

كتاب
本

لحاف
毛布

دكوراسيون
飾り

هيزم
たきぎ

فيلم
映画

دستگاه ضبط صوت
ステレオ

كليد
鍵

روزنامه
新聞

تابلو نقاشی
絵画

پوستر
ポスター

راديو
ラジオ

دفترچه يادداشت
メモ帳

جاروبرقی
掃除機

كاكتوس
サボテン

شمع
ろうそく

آشپزخانه
台所

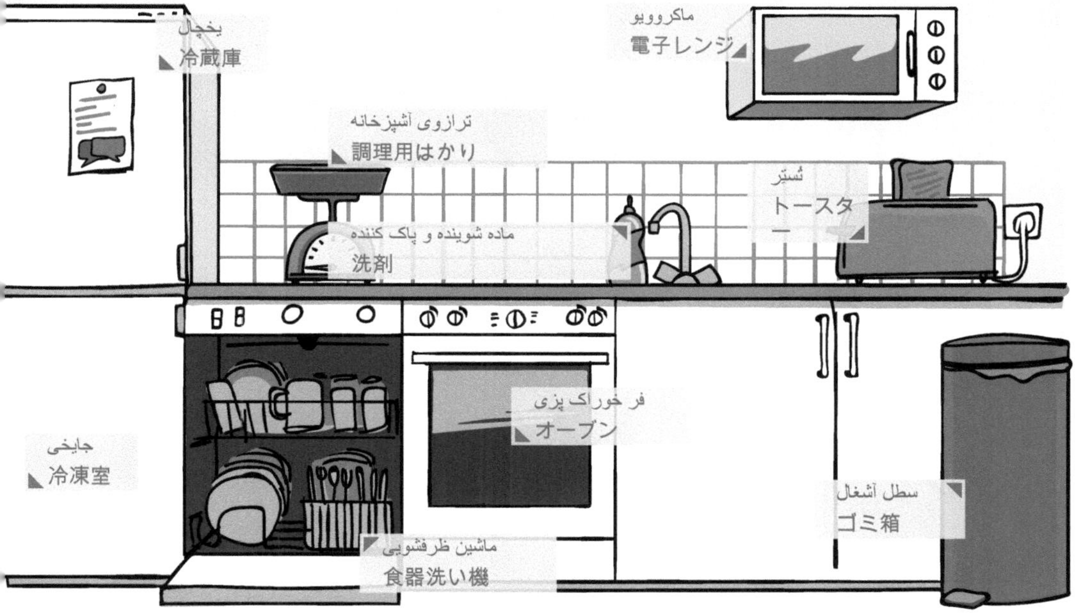

یخچال
冷蔵庫
ماکروویو
電子レンジ
ترازوی آشپزخانه
調理用はかり
تُستر
トースター
ماده شوینده و پاک کننده
洗剤
فر خوراک پزی
オーブン
جایخی
冷凍室
سطل آشغال
ゴミ箱
ماشین ظرفشویی
食器洗い機

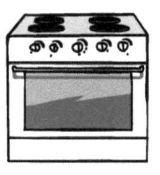

اجاق گاز

こんろ

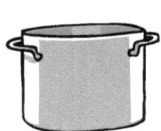

قابلمه

鍋

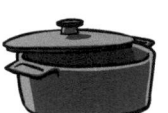

قابلمه چدنی

鉄鍋

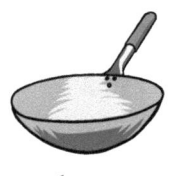

ماهی تابه گود

中華鍋/ カダイ鍋

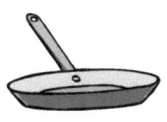

ماهی تابه

フライパン

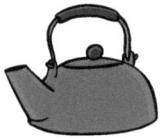

کتری

やかん

بخارپز

蒸し器

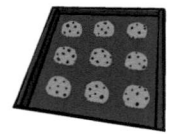

سینی فر

天板

ظرف چینی آشپزخانه

食器

لیوان

マグカップ

کاسه

ボウル

چاپستیک

箸

ملاقه

おたま

کفگیر

へら

همزن

泡立て器

آبکش

こし器

آبکش

ふるい

رنده

すりおろし器

هاون

すり鉢

باربیکیو

バーベキュー

محل مخصوص افروختن آتش

かまど

تخته گوشت و سبزی

まな板

وردنه

麵棒

در بطری بازکن

栓抜き

قوطی

缶

در قوطی بازکن

缶切り

دستگیره پارچه ای

鍋つかみ

سینک ظرفشویی

流し

برس گردگیری

ブラシ

اسفنج

スポンジ

مخلوط کن

ミキサー

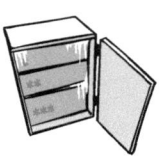

فریزر

冷凍庫

شیشه شیر بچه

哺乳瓶

شیر آب

蛇口

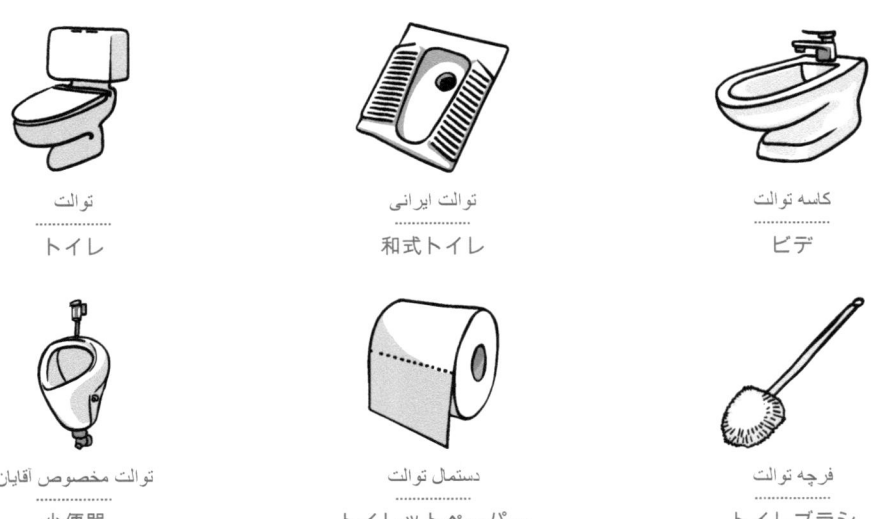

حمام
浴室

بخاری
ヒーター
حوله
タオル
دوش
シャワー
پرده ی حمام
シャワーカーテン
حمام کف
泡風呂
وان حمام
ماشین لباسشویی
洗濯機
کاشی
タイル
شیر آب
蛇口
لیوان
グラス
لگن دستشویی کودکان
おまる
سینک ظرفشویی
流し

توالت

トイレ

توالت ایرانی

和式トイレ

کاسه توالت

ビデ

توالت مخصوص آقایان

小便器

دستمال توالت

トイレットペーパー

فرچه توالت

トイレブラシ

مسواک

歯ブラシ

خمیردندان

歯みがき

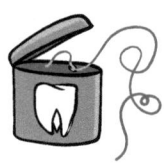

نخ دندان

デンタルフロス

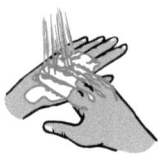

شُستن

洗う

دوش آب تلفنی

シャワーヘッド

شلنگ توالت

ハンドビデ

لگن روشویی

洗面台

برس شست و شوی پشت

ボディブラシ

صابون

石鹸

شامپو بدن

シャワー用ジェル

شامپو

シャンプー

لیف حمام

浴用タオル

راه آب

排水口

کرم

クリーム

اسپری دئودورانت

消臭

آینه

鏡

آینه ی کوچک دستی

手鏡

تیغ ریش تراشی

かみそり

کف ریش‌تراشی

シェービング・フォーム

افترشیو

アフターシェーブローション

شانه ی سر

櫛

برس

ブラシ

سشوار

ドライヤー

اسپری مو

ヘアスプレー

آرایش

化粧

رژلب

口紅

لاک ناخن

マニキュア

پنبه

脱脂綿

قیچی ناخن

爪切り

عطر

香水

کیف لوازم آرایشی و بهداشتی

洗面用具入れ

چهارپایه

スツール

ترازو

体重計

حوله ی پالتویی

バスローブ

دستکش ظرفشویی

ゴム手袋

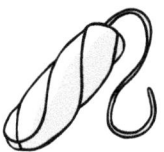

تامپون

タンポン

نوار بهداشتی

生理用ナプキン

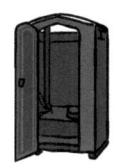

توالت سیار

ケミカルトイレ

اتاق بچه

子供部屋

ساعت زنگدار
目覚まし時計
نوعی عروسک نرم به شکل حیوانات
ぬいぐるみ
ماشین اسباب بازی
おもちゃの自動車
جغجغه
がらがら
خانه ی عروسکی
ドール・ハウス
کادو
プレゼント

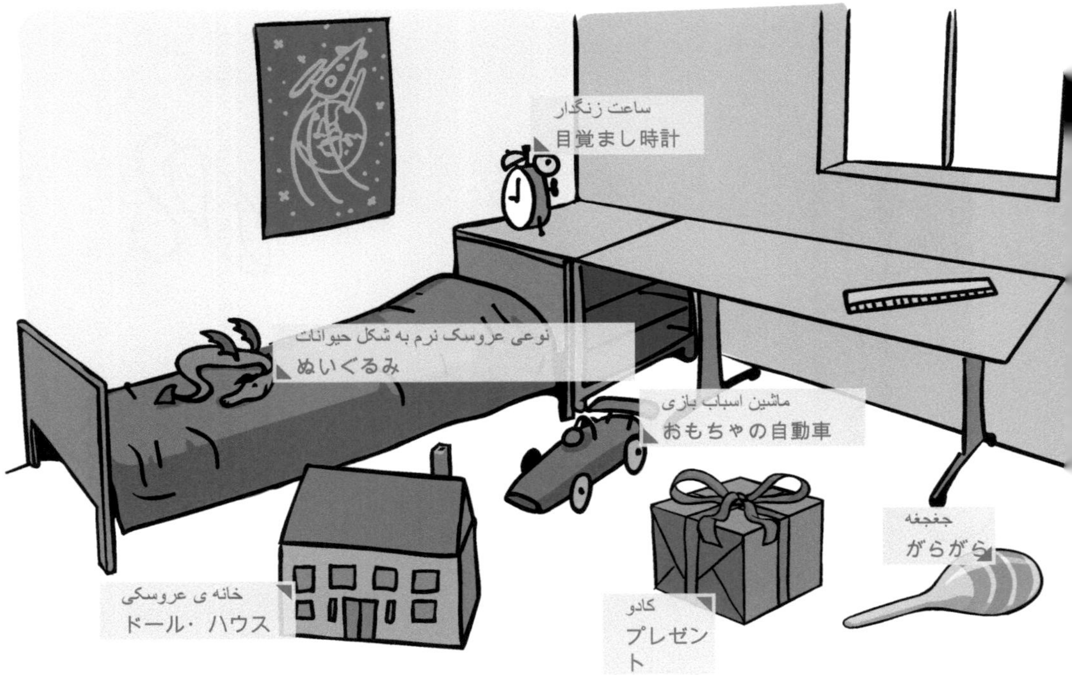

بادکنک

風船

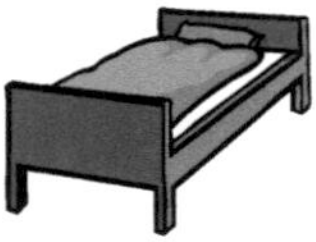

تخت خواب

ベッド

کالسکه بچه

ベビーカー

بازی ورق

カードゲーム

پازل

ジグソーパズル

داستان مصور

漫画

اسباب بازی لگو

レゴ

خانه سازی

玩具ブロック

عروسک شخصیت های فیلم و کارتون

アクションフィギュア

لباس نوزاد

ロンパース

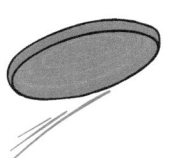

فریزبی

フリスビー

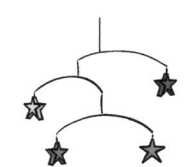

نوعی اسباب بازی که روی تخت نوزاد
یا کودک نصب می شود

モバイル

بازی روی صفحه

ボードゲーム

تاس

さいころ

قطار اسباب بازی

鉄道模型

پستانک

おしゃぶり

مهمانی

パーティー

کتاب مصور

絵本

توپ

ボール

عروسک

人形

بازی کردن

遊ぶ

جعبه شنی مخصوص بازی کودکان

砂場

تاب

ブランコ

اسباب بازی

おもちゃ

کنسول بازی های کامپیوتری

ゲーム機

سه چرخه

三輪車

خرس عروسکی

テディベア

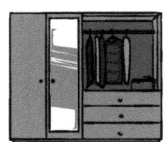

کمد لباس

衣装ダンス

لباس

衣服

جوراب

靴下

جوراب زنانه ساق بلند

ストッキング

جوراب شلواری

タイツ

شال
スカーフ

چتر
雨傘

تی شرت
Tシャツ

کمربند
ベルト

پوتین
ブーツ

دمپایی
スリッパ

کفش ورزشی کتانی
スニーカー

صندل
サンダル

کفش
靴

چکمه پلاستیکی
ゴム長靴

شرت
パンツ

سوتین
ブラ

جلیقه
ベスト

بادی
ボディースーツ

شلوار
ズボン

جین
ジーンズ

دامن
スカート

بلوز
ブラウス

پیراهن
シャツ

پولیور
セーター

سویی شرتِ
パーカー

نوعی کت
ブレザー

ژاکت
ジャケット

کت بلند
コート

بارانی
レインコート

لباس نمایش
服装

لباس
ドレス

لباس عروس
ウェディングドレス

کت و شلوار

スーツ

لباس خواب زنانه

ナイトガウン

پیژامه

パジャマ

ساری

サリー

روسری

ヘッドスカーフ

عمامه

ターバン

برقع

ブルカ

قبا

カフタン

عبا

アバヤ

لباس شنا

水着

شرت شنا

トランクス

شلوارک

半ズボン

لباس ورزشی

スウェットスーツ

پیشبند

エプロン

دستکش

手袋

دکمه
ボタン

عینک
メガネ

دستبند
ブレスレット

گردنبند
ネックレス

انگشتر
指輪

گوشواره
イヤリング

کلاه لبه دار
帽子

چوب لباسی
ハンガー

کلاه
帽子

کراوات
ネクタイ

زیپ
ファスナー

کلاه ایمنی
ヘルメット

بند شلوار
サスペンダー

لباس مدرسه
制服

لباس فرم
ユニフォーム

پیش بند بچه

よだれかけ

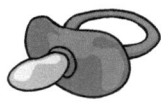

پستانک

おしゃぶり

پوشک بچه

おむつ

اداره

オフィス

سرور
サーバ
کمد نگهداری پرونده
書類キャビネット
چاپگر
プリンター
کاغذ
紙
مانیتور
モニター
ماوس
میز تحریر
事務机
زونکن
フォルダー
صفحه کلید
キーボード
سبد کاغذ باطله
ごみ箱
کامپیوتر
コンピューター
صندلی
椅子

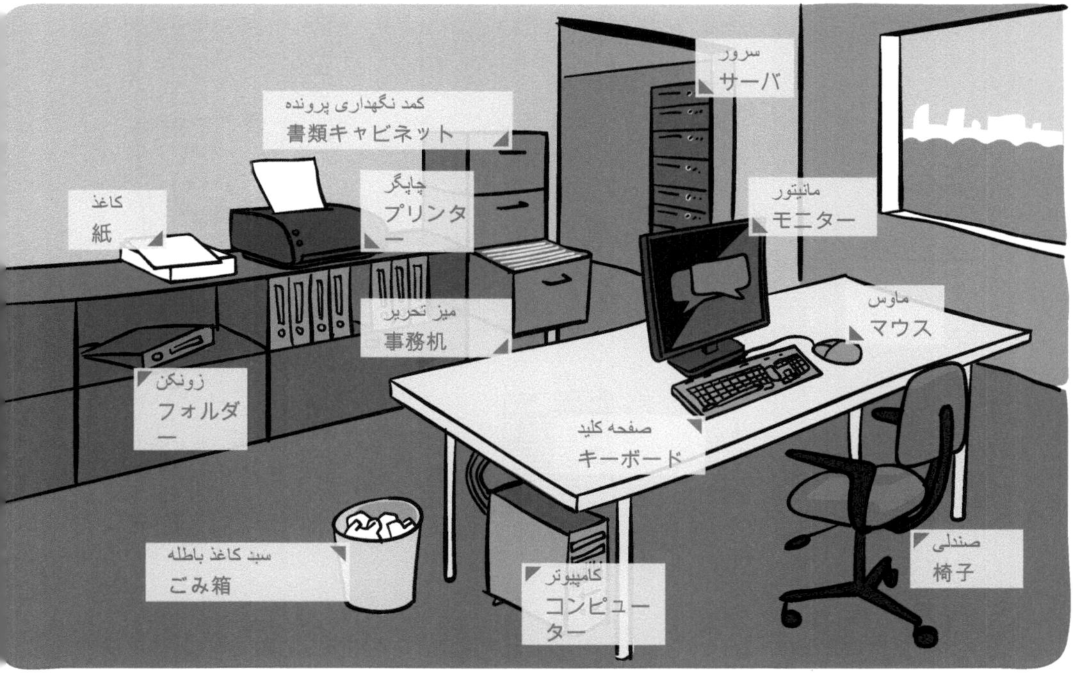

لیوان قهوه

コーヒーマグ

ماشین حساب

計算機

اینترنت

インターネット

لپ تاپ

ラップトップ

نامه

手紙

پیغام

メッセージ

تلفن همراه

携帯電話

شبکه ی ارتباطی

ネットワーク

دستگاه فتوکپی

コピー機

نرم افزار

ソフトウェア

تلفن

電話

پریز

コンセント

دستگاه فاکس

ファックス

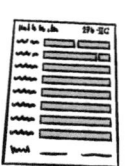

فرم

フォーム

مدرک

書類

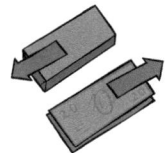

اقتصاد

経済

خریدن

買う

پرداخت کردن

支払う

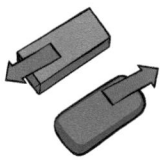

تجارت کردن

取引する

پول

お金

دلار

ドル

یورو

ユーロ

ین

円

روبل

ルーブル

فرانک سوئیس

スイスフラン

یوان رنمینبی

人民元

روپیه

ルピー

دستگاه خودپرداز

キャッシュポイント

صرافی

両替所

طلا

金

نقره

銀

نفت

油

انرژی

エネルギー

قیمت

価格

قرارداد

契約

مالیات

税金

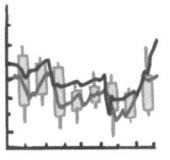

سهام سرمایه

株

کار کردن

働く

کارمند

従業員

کارفرما

雇用主

کارخانه

工場

مغازه

ショップ

مامور پلیس
警察官

آتش نشان
消防士

خلبان
パイロット

دکتر
医師

آشپز
コック

باغبان

庭師

نجار

大工

خیاط زنانه

お針子

قاضی

裁判官

شیمیدان

化学者

بازیگر

俳優

راننده اتوبوس

バスの運転手

راننده تاکسی

タクシー運転手

ماهیگیر

漁師

نظافتچی زن

掃除婦

سقف ساز

屋根ふき職人

پیشخدمت رستوران

ウェイター

شکارچی

ハンター

نقاش

塗装工

نانوا

パン屋

برقکار

電気工

کارگر ساختمانی

建設作業員

مهندس

エンジニア

قصاب

肉屋

لوله کش

配管工

پستچی

郵便配達人

سرباز

軍人

معمار

建築家

صندوقدار

レジ係

گل فروش

花屋

آرایشگر

美容師

مامور کنترل بلیط در قطار

車掌

مکانیک

機械工

ناخدا

キャプテン

دندانپزشک

歯科医

دانشمند

科学者

عالم یهودی

ラビ

امام

イスラム導師

راهب

修道士

کشیش

牧師

ابزارآلات

道具

چکش
ハンマー
انبردست
くぎ抜き
پیچ گوشتی
ドライバー
آچار
スパナ
چراغ قوه
懐中電灯

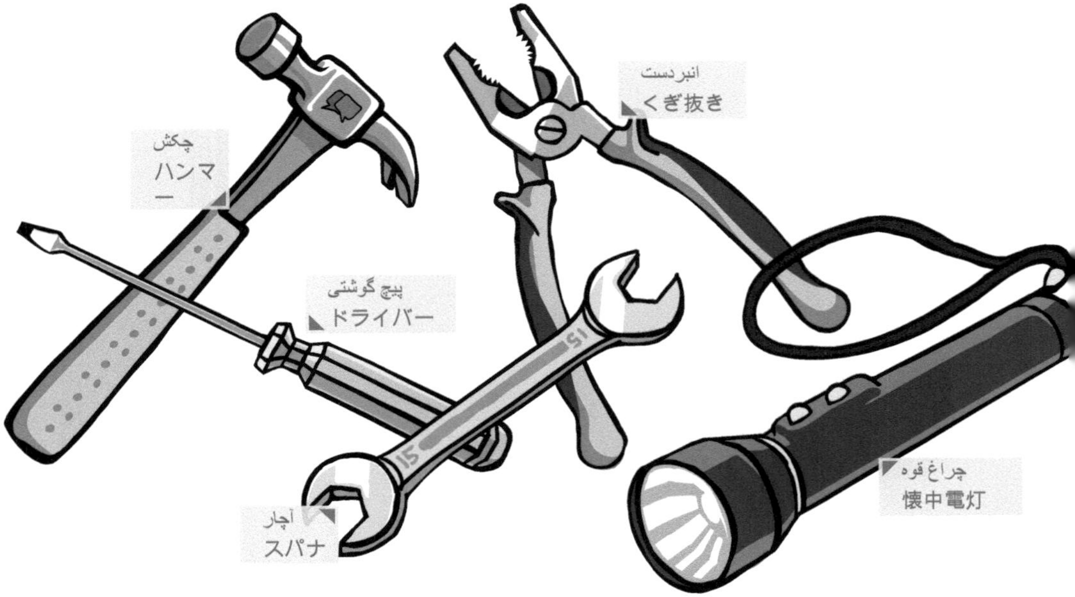

بیل مکانیکی

掘削機

جعبه ابزار

道具箱

نردبان

はしご

ارّه

のこぎり

میخ

釘

مته

ドリル

تعمیر کردن
修理する

بیل
シャベル

لعنتی!
クソ！

خاک انداز
ちりとり

سطل رنگرزی
ペンキ缶

پیچ
ネジ

آلات موسیقی
楽器

درامز
打楽器 ▶

بلندگو
スピーカー

کنترباس
コントラ
バス

ترومپت
トランペット

گیتار
ギター ▶

پیانو

ピアノ

ویولن

バイオリン

گیتار بیس

バス

تیمپانی

ティンパニ

طبل

ドラム

کیبورد الکتریک

キーボード

ساکسیفون

サックス

فلوت

フルート

میکروفون

マイクロフォン

آلات موسیقی - 楽器

باغ وحش

動物園

ببر
虎
ورودی
入口
قفس
おり
گورخر
シマウマ
خوراک حیوانات
飼料
خرس پاندا
パンダ

حیوانات

動物

فیل

象

کانگورو

カンガルー

کرگدن

サイ

گوریل

ゴリラ

خرس

熊

شتر

ラクダ

شترمرغ

ダチョウ

شیر

ライオン

میمون

猿

فلامینگو

フラミンゴ

طوطی

オウム

خرس قطبی

白クマ

پنگوئن

ペンギン

کوسه

サメ

طاووس

クジャク

مار

蛇

تمساح

ワニ

نگهبان باغ وحش

飼育係

خوک آبی

アザラシ

پلنگ امریکایی

ジャガー

اسب کوچک

ポニー

پلنگ

ヒョウ

اسب آبی

カバ

زرافه

キリン

عقاب

鷲

گراز

雄豚

ماهی

魚

لاک پشت

亀

شیرماهی

セイウチ

روباه

狐

غزال

ガゼル

فوتبال آمریکایی
アメフト

دوچرخه سواری
サイクリング

تنیس
テニス

بسکتبال
バスケット
ボール

شنا
水泳

هاکی روی یخ
アイスホッケー

بوکس
ボクシン
グ

فوتبال
サッカー

بدمینتون
バドミントン

دوومیدانی
陸上競技

هندبال
ハンドボール

اسکی
スキー

پولو
ポロ

فعالیت ها

活動

خندیدن
笑う
پریدن
跳ぶ
بغل کردن
抱きしめる
راه رفتن
歩く
آواز خواندن
歌う
رؤیا دیدن
夢見る
دعا کردن
祈る
بوسیدن
キス

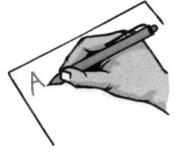

نوشتن

書く

رسم کردن

描く

نشان دادن

示す

هل دادن

押す

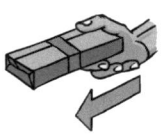

دادن

与える

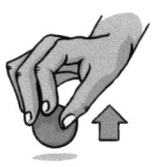

برداشتن

取る

داشتن

持っている

انجام دادن

する

بودن

ある

ایستادن

立つ

دویدن

走る

کشیدن

引く

پرتاب کردن

投げる

افتادن

落ちる

دراز کشیدن

横たわっている

منتظر بودن

待つ

حمل کردن

運ぶ

نشستن

座る

لباس پوشیدن

着る

خوابیدن

眠る

بیدار شدن

目が覚める

تماشا کردن
見る

گریه کردن
泣く

نوازش کردن
なでる

شانه کردن
櫛ですく

حرف زدن
話す

فهمیدن
理解する

پرسیدن
質問する

شنیدن
聞く

آشامیدن
飲む

خوردن
食べる

مرتب کردن
片づける

عاشق بودن
愛する

پختن
料理する

رانندگی کردن
運転する

پرواز کردن
飛ぶ

قایقرانی کردن

ヨットに乗る

محاسبه کردن

計算する

خواندن

読む

یاد گرفتن

学ぶ

کار کردن

働く

ازدواج کردن

結婚する

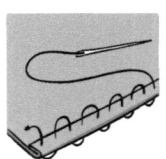

دوختن

縫う

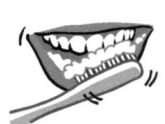

مسواک زدن

歯を磨く

کشتن

殺す

سیگار کشیدن

喫煙する

فرستادن

送る

خانواده
家族

مادربزرگ
祖母
پدربزرگ
祖父
پدر
父
مادر
母
کودک
赤ん坊
فرزند دختر
娘
فرزند پسر
息子

مهمان

お客様

خاله، عمه

おば

دایی، عمو

おじ

برادر

兄弟

خواهر

姉妹

بدن

体

پیشانی
ひたい
چشم
目
شانه
肩
انگشت دست
指
صورت
顔
چانه
あご
دست
手
ساق پا
脚
سینه
胸
بازو
腕

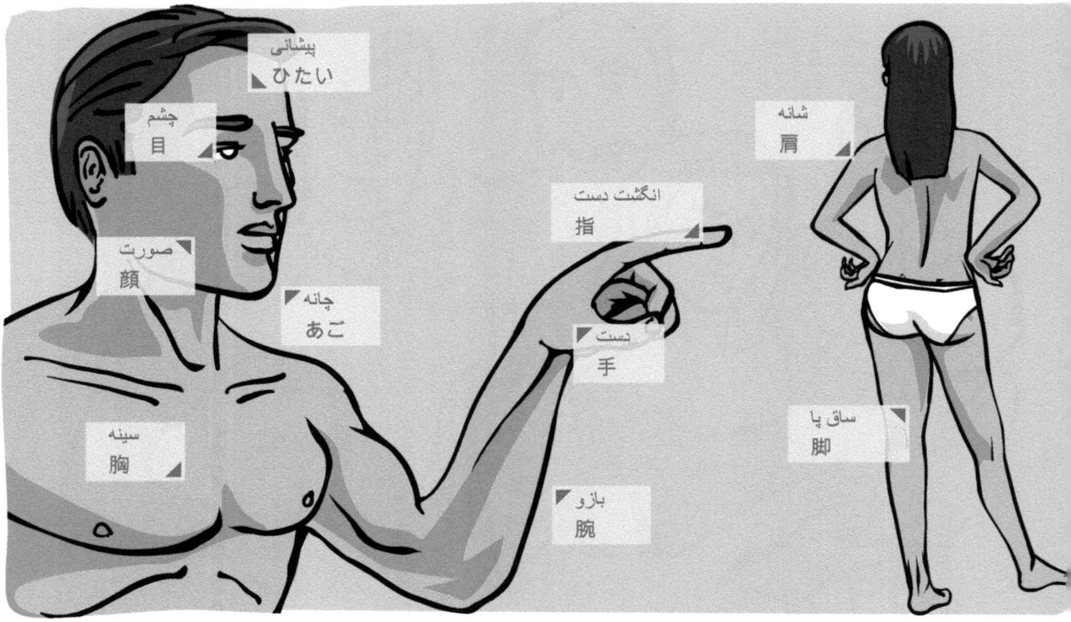

کودک

赤ん坊

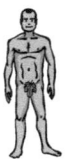

مرد

男性

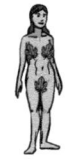

زن

女性

دختربچه

少女

پسربچه

少年

کله

頭

کمر

背中

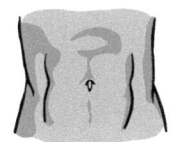

شکم

腹

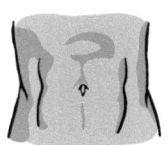

ناف

へそ

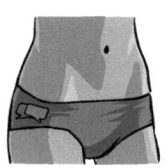

انگشت پا

足指

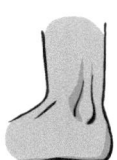

پاشنه

かかと

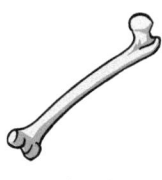

استخوان

骨

لگن

腰

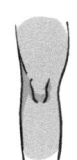

زانو

ひざ

آرنج

ひじ

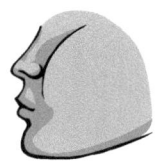

بینی

鼻

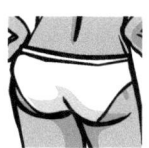

نشیمنگاه

尻

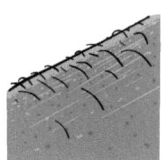

پوست

皮膚

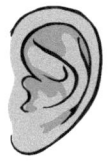

گونه

頬

گوش

耳

لب

唇

دهان

口

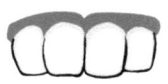

دندان

歯

زبان

舌

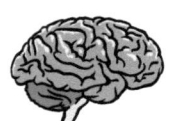

مغز

脳

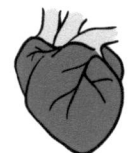

قلب

心臓

عضله

筋肉

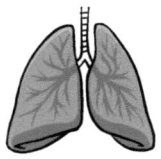

ريه

肺

كبد

肝臓

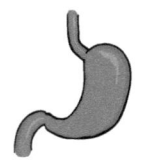

معده

胃

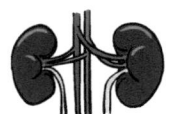

كليه

腎臓

آميزش جنسى

セックス

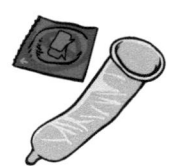

كاندوم

コンドーム

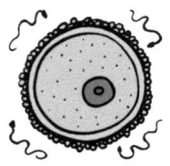

تخمک

卵細胞

اسپرم

精液

حاملگی

妊娠

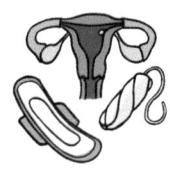

پریود

月経

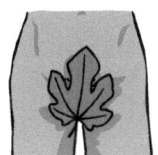

واژن

膣

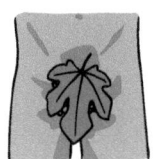

آلت تناسلی مرد

ペニス

ابرو

眉

مو

髪

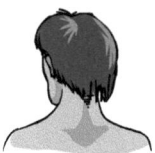

گردن

首

بیمارستان
病院

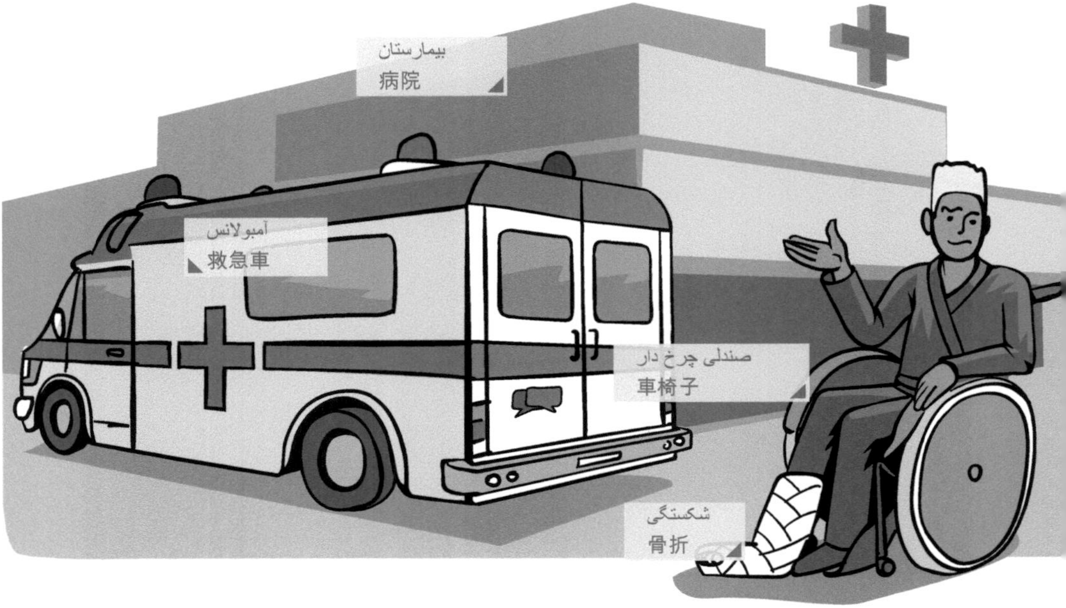

بیمارستان
病院
آمبولانس
救急車
صندلی چرخ دار
車椅子
شکستگی
骨折

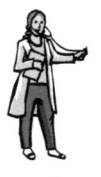

دکتر

医師

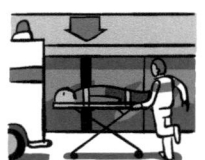

بخش اورژانس

救急治療室

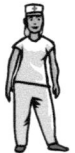

پرستار

看護師

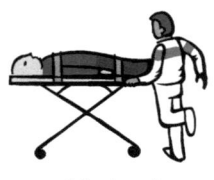

موقعیت اضطراری

救急

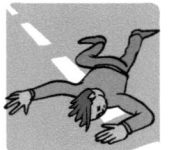

بی هوش

失神

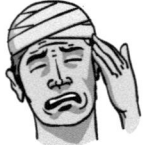

درد

痛み

مصدومیت

けが

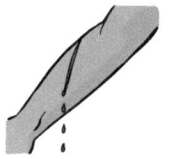

خونریزی

出血

سکته قلبی

心臓発作

سکته مغزی

脳卒中

آلرژی

アレルギー

سرفه

咳

تب

熱

آنفولانزا

インフルエンザ

اسهال

下痢

سردرد

頭痛

سرطان

癌

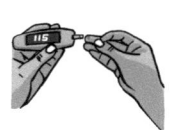

دیابت

糖尿病

جراح

外科医

چاقوی جراحی

外科用メス

عمل جراحی

手術

سی تی اسکن

CT

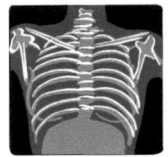

پرتونگاری

レントゲン

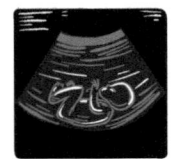

سونوگرافی

超音波

ماسک صورت

マスク

بیماری

病気

اتاق انتظار

待合室

چوب زیر بغل

松葉づえ

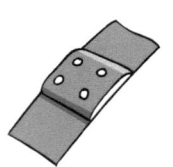

چسب زخم

ばんそうこう

پانسمان

包帯

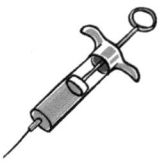

تزریق

注射

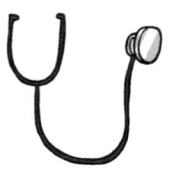

گوشی طبی

聴診器

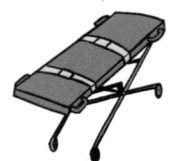

برانکار

担架

دماسنج

体温計

زایش

出産

اضافه وزن

肥満

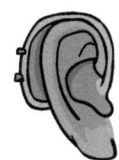

سمعک

補聴器

ماده ضد عفونی کننده

消毒剤

عفونت

感染

ویروس

ウイルス

اچ آی وی / ایدز

HIV / エイズ

دارو

内服薬

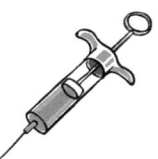

واکسیناسیون

予防接種

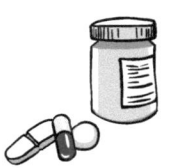

قرص

錠剤

قرص ضد حاملگی

ピル

تماس اظطراری

緊急電話

دستگاه اندازه گیری فشارخون

血圧計

مریض / سالم

病気の / 健康な

موقعیت اضطراری
救急

کمک!

助けて！

آژیر خطر

アラーム

حمله

暴行

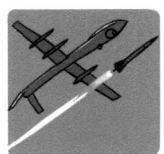

حمله ی فیزیکی

攻撃

خطر

危険

خروج اظطراری

非常口

آتش

火事だ！

کپسول آتش‌نشانی

消火器

تصادف

事故

جعبه کمک های اولیه

救急箱

درخواست کمک

SOS

پلیس

警察

کره زمین
地球

اروپا

ヨーロッパ

آمریکای شمالی

北米

آمریکای جنوبی

南米

آفریقا

アフリカ

آسیا

アジア

استرالیا

オーストラリア

اقیا نوس اطلس

大西洋

اقیانوس آرام

太平洋

اقیانوس هند

インド洋

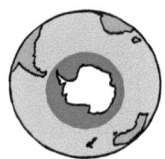

اقیا نوس اطلس جنوبی

南極海

اقیانوس منجمد شمالی

北極海

قطب شمال

北極

قطب جنوب
....
南極

قاره قطب جنوب
....
南極大陸

کره زمین
....
地球

سرزمین
....
陸

دریا
....
海

جزیره
....
島

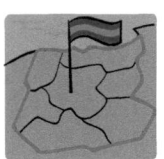

ملت
....
国家

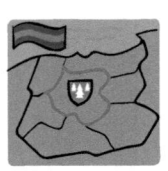

کشور
....
国家

ساعت

時計

صفحه ی ساعت

文字盤

ساعت شمار

短針

دقیقه شمار

長針

ثانیه شمار

秒針

ساعت چند است؟

何時ですか？

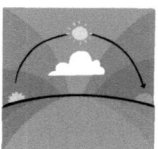

روز

日

زمان

時間

اکنون

現在

ساعت دیجیتال

デジタル時計

دقیقه

分

ساعت

時間

هفته
週

دوشنبه
月曜
سه شنبه
火曜
چهارشنبه
水曜
پنج شنبه
木曜
جمعه
金曜
شنبه
土曜
یک شنبه
日曜

دیروز

昨日

امروز

今日

فردا

明日

صبح

朝

ظهر

昼

غروب

夜

روزهای کاری

営業日

آخر هفته

週末

سال
年

باران
雨
رنگین کمان
虹
باد
風
برف
雪
بهار
春
تابستان
夏
پاییز
秋
زمستان
冬

پیش‌بینی اوضاع جوی
天気予報

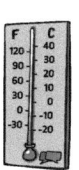

دماسنج
温度計

تابش آفتاب
日差し

ابر
雲

مه
霧

رطوبت هوا
湿度

صاعقه

雷

آسمان غره

雷

طوفان

嵐

تگرگ

ひょう

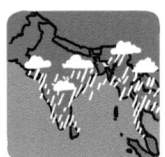

باد موسمی

季節風

سیل

洪水

یخ

氷

ژانویه

1月

فوریه

2月

مارس

3月

آوریل

4月

مه

5月

ژوئن

6月

ژوئیه

7月

آگوست

8月

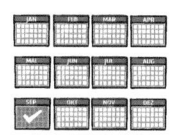

سپتامبر

9月

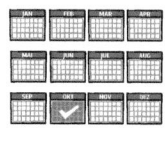

اُکتبر

10月

نوامبر

11月

دسامبر

12月

آشکال

形

دایره

円

مربع

正方形

مستطيل

長方形

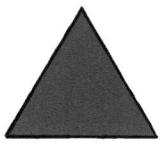

سه گوش

三角

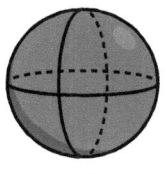

گره

球

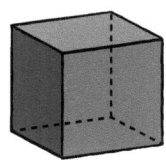

مکعب مربع

立方体

رنگ ها

色

سفید

白

زرد

黄

نارنجی

オレンジ

صورتی

ピンク

قرمز

赤

بنفش

紫

آبی

青

سبز

緑

قهوه ای

茶

خاکستری

灰色

سیاه

黒

متضاد ها

反対

خیلی / کم

多い / 少ない

خشمگین/ آرام

怒っている /
落ち着いている

زیبا / زشت

美しい / 醜い

شروع / پایان

初め / 終わり

بزرگ / کوچک

大きい / 小さい

روشن / تیره

明るい / 暗い

برادر / خواهر

兄弟 / 姉妹

تمیز / آلوده

清潔な / 汚い

کامل / ناقص

完全な / 不完全な

روز / شب

日中 / 夜

مرده / زنده

死んだ / 生きている

پهن / باریک

幅広い / 狭い

قابل خوردن / غیر قابل خوردن

食べられる ／
食べられない

غضبناک / مهربان

悪意のある ／ 親切な

هیجان زده / بی حوصله

興奮している ／
退屈している

چاق / لاغر

太った ／ 痩せた

اولین / آخرین

最初に ／ 最後に

دوست / دشمن

友人 ／ 敵

پر / خالی

いっぱいの ／ 空の

سفت / نرم

硬い ／ 柔らかい

سنگین / سبک

重い ／ 軽い

گرسنگی / تشنگی

空腹 ／ 喉の渇き

مریض / سالم

病気の ／ 健康な

غیرقانونی / قانونی

違法な ／ 合法な

باهوش / خنگ

賢い ／ 愚かな

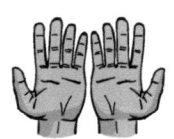

چپ / راست

左に ／ 右に

نزدیک / دور

近い ／ 遠い

نو / استفاده شده

新しい / 中古の

هیچ چیز / چیزی

何もない / 何かある

پیر / جوان

老いた / 若い

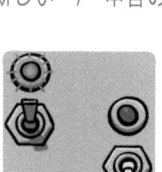

روشن / خاموش

オン / オフ

باز / بسته

開いている /
閉まっている

آهسته / بلند

静かな / うるさい

ثروتمند / فقیر

裕福な / 貧乏な

درست / غلط

正しい / 間違っている

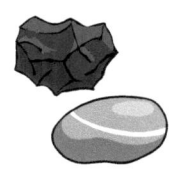

زبر / صاف

粗い / なめらか

غمگین / خوشحال

悲しい / 幸せな

کوتاه / بلند

短い / 長い

کند / تند

ゆっくり / 速い

تر / خشک

濡れた / 乾いた

گرم / خنک

温かい / 冷たい

جنگ / صلح

戦争 / 平和

اعداد

数

0	1	2
صفر	یک	دو
ゼロ	1	2
3	4	5
سه	چهار	پنج
3	4	5
6	7	8
شش	هفت	هشت
6	7	8
9	10	11
نه	دَه	یازده
9	10	11

12	**13**	**14**
دوازده	سیزده	چهارده
12	13	14
15	**16**	**17**
پانزده	شانزده	هفده
15	16	17
18	**19**	**20**
هجده	نوزده	بیست
18	19	20
100	**1.000**	**1.000.000**
صد	هزار	میلیون
100	1000	100万

زبان ها
言語

انگلیسی

英語

انگلیسی آمریکایی

アメリカ英語

چینی ماندارین

中国標準語

هندی

ヒンディー語

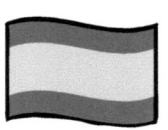

اسپانیایی

スペイン語

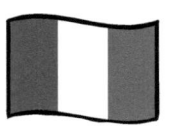

فرانسوی

フランス語

عربی

アラビア語

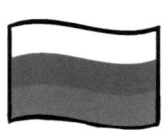

روسی

ロシア語

پرتغالی

ポルトガル語

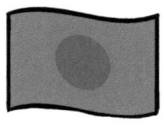

بنگالی

ベンガル語

آلمانی

ドイツ語

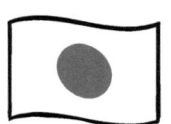

ژاپنی

日本語

چه کسی / چه چیزی / چگونه

誰 / 何 / どう

من

私

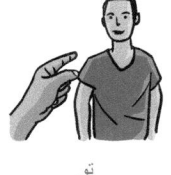

تو

あなた

او

彼 / 彼女 / それ

ما

私たち

شما

あなたたち

آنها

彼ら

چه کسی؟ کی؟

誰？

چی؟

何？

چگونه؟

どうやって？

کجا؟

どこ？

کِی؟

いつ？

نام

名前

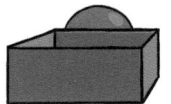

کجا
どこ

پشت

後ろ

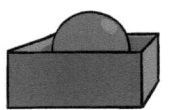

توی

中

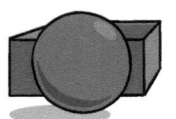

جلو

前

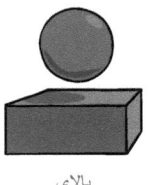

بالای

上

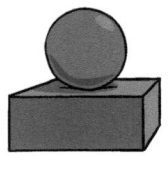

روی

上

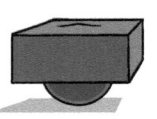

زیر

下

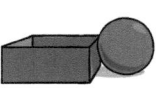

مجاور

横

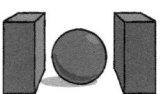

بین

間

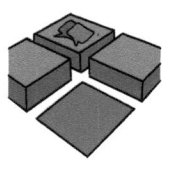

مکان

場所